KU-311-620

Is liomsa an
pictiúrleabhar seo:

_____

CAVAN COUNTY LIBRARY
ACC No. C/066710
CLASS No. 3811.623 (age : 0-4)
INVOICE 7.50
PRICE £7.95

Cavan County Library
Withdrawn Stock

© Téacs Béarla, LADYBIRD BOOKS LTD MCMXCVIII
Ladybird Books Ltd, (fochomhlacht de chuid Penguin),
a chéadfhoilsigh faoin teideal *Woof! Woof!*
© Rialtas na hÉireann 2000, an leagan Gaeilge

ISBN 1-85791-331-0

Printset & Design Ltd a rinne an scannánchló i mBaile Átha Cliath

Le ceannach ó: Oifig Fhoilseacháin an Rialtais,
Sráid Theach Laighean, Baile Átha Cliath 2, nó ó
dhíoltóirí leabhar.
Nó tríd an bpost ó:
An Rannóg Postdíola, Foilseacháin an Rialtais,
4-5 Bóthar Fhearchair, Baile Átha Cliath 2.

An Gúm, 44 Sráid Uí Chonaill Uacht., Baile Átha Cliath 1

Bhuf! Bhuf!

pictiúir agus focail

Angie Sage a mhaisigh

G AN GÚM

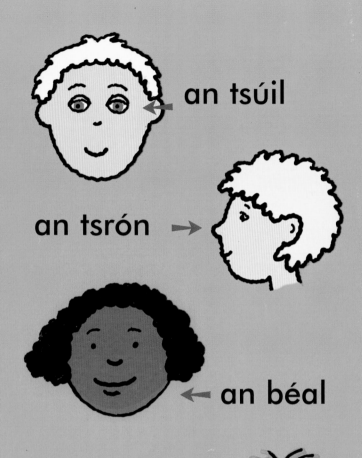

an tsúil

an tsrón →

← an béal

an chluas →

an ghruaig

an teanga

an mhala

na fiacla

stocaí

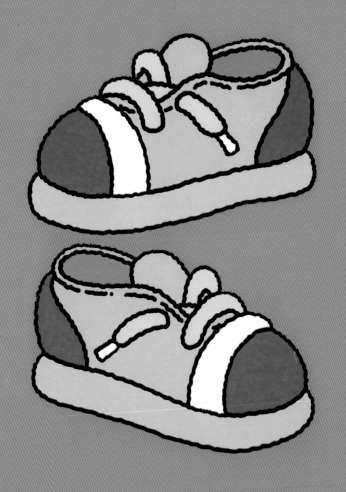

bróga

geansaí

bríste

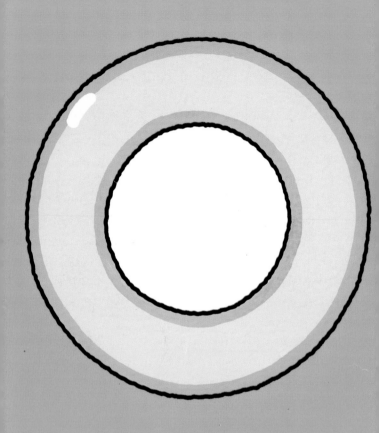

pláta

forc

úll

sú oráistí

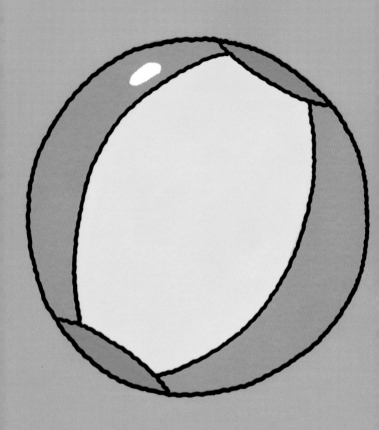

liathróid

bábóg

teidí

muc

leabhar

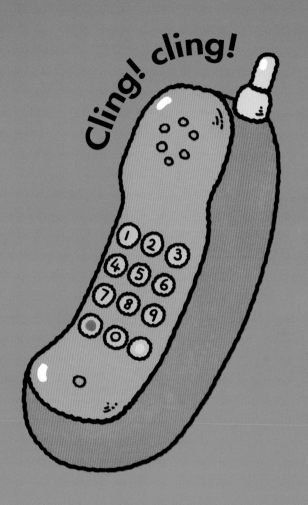

Cling! cling!

fón

Bhuf! Bhuf!

madra

cat

cuisneoir

Splais! Splais!

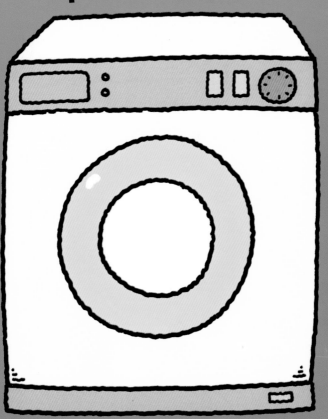

meaisín níocháin

teilifíseán

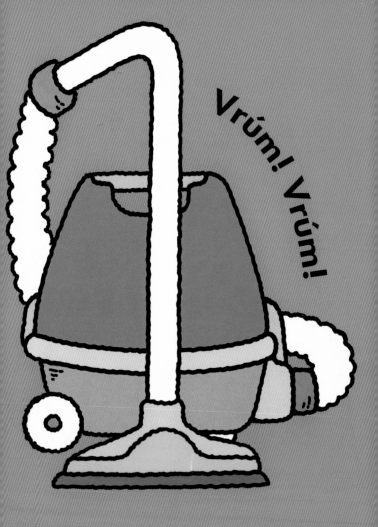

Vrúm! Vrúm!

folúsghlantóir

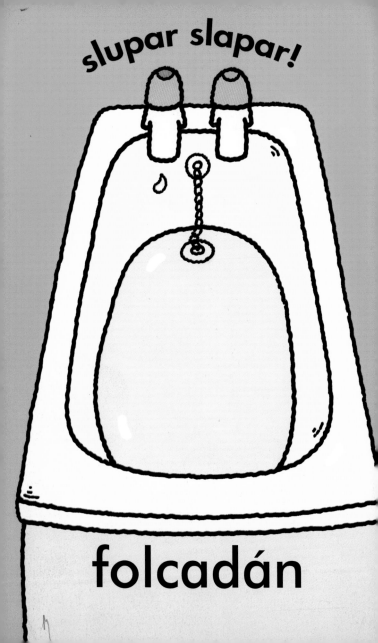

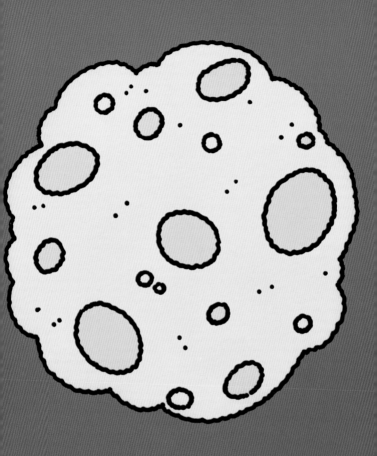

spúinse

culaith oíche

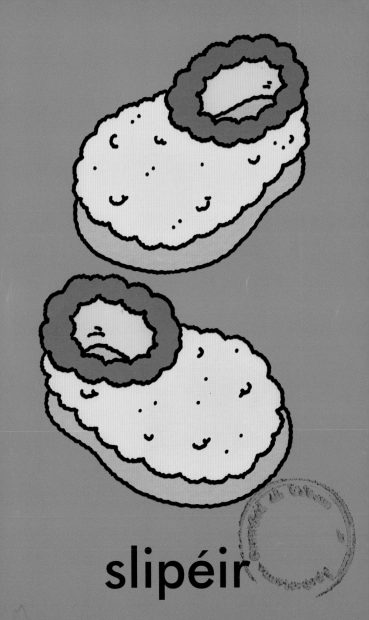

slipéir